Bibliografische Information der Deutschen Nationalbibliothek
Die Deutsche Nationalbibliothek verzeichnet diese Publikation in der
Deutschen Nationalbibliografie; detaillierte bibliografische Daten
sind im Internet über http://dnb.ddb.de abrufbar.

Das Wort **Meyers** ist für den Verlag
Bibliographisches Institut GmbH als Marke geschützt.

Lizenz durch © ZDF / ZDF Enterprises GmbH 2010
Licensed by Crescendo Media GmbH
Bavariafilmplatz 7, 82031 Geiselgasteig
Alle Rechte vorbehalten.
Mit freundlicher Unterstützung der ZDF-Redaktion Löwenzahn
(Susanne Kaupp)

Redaktionelle Leitung Caroline Lerch, Livia Reidt
Redaktion Andrea Essers
Fachberatung Melanie Löw
Text Sandra Noa

Herstellung Verona Meiling
Layout Petra Bachmann, Weinheim
Illustrationen Kirsten Grebe, ZDF © Christoph Tillmann
(Löwenzahn, Bauwagen)
Umschlaggestaltung Hans Helfersdorfer, Heidelberg
Umschlagabbildungen
A. Gomille, Frankfurt am Main: Schildkröte
Bibliographisches Institut, Mannheim: Leguan
© Eline Spek – Fotolia.com: Meerschweinchen
picture-alliance/BSIP/GIRAL, Frankfurt am Main: Kind mit Ratte
picture-alliance/dpa, Frankfurt am Main: Hund und Katze, Schwein
picture-alliance/Woodfall, Frankfurt am Main: Lamm
ZDF © Alexander Habermehl: Fritz Fuchs
ZDF © Antje Dittmann: Keks
ZDF © Christoph Tillmann: Löwenzahn-Ecke
Satz Petra Bachmann, Weinheim
Druck und Bindung Stürtz GmbH, Würzburg
Printed in Germany

ISBN 978-3-411-08400-5

Löwenzahn

Schwein gehabt!

Haustiere: niedlich, nützlich und exotisch

Mit Texten von Sandra Noa

Meyers Kinder- und Jugendbücher

Inhalt

„Auch ein kleines Schaf wird mal groß und wollig."

„Du bist ja ein schöner Hahn! Und wo sind deine Hühnerdamen?"

„Na ihr beiden, habt ihr schon Freundschaft geschlossen?"

„Wie kommt denn ein solcher Exot nach Bärstadt?"

„Mal sehen, wer deine Vorfahren waren, Keks!"

Zwei wollige Rasenmäher

„Na gut, Herr Paschulke, ich helfe Ihnen ja gerne, wenn Ihr Rasenmäher kaputt ist. **Aber mit Ihrer Schere kommen wir bei dieser Langhalmwiese nicht mehr weiter!"**

„Darf ich vorstellen? Meine tierischen Helfer – die beiden knabbern Ihren Rasen so kurz, wie Sie es mögen, Herr Paschulke. Und wenn die zwei damit fertig sind, können Sie mir gleich beim Scheren helfen!"

„ **Moment mal – wie viel Wolle darf ich eigentlich abschneiden?** Nicht, dass es dem Tier ohne Fell zu kalt ist! Aber wenn die Schafe auf dem Bauernhof geschoren werden, sind sie ja auch nicht ständig erkältet. **Es muss also einen Grund geben, warum die Tiere nicht frieren ...**"

Frieren Schafe nicht, weil ...

... sie eine dicke Leder-
haut haben, die auch
ganz ohne Wolle warm hält?

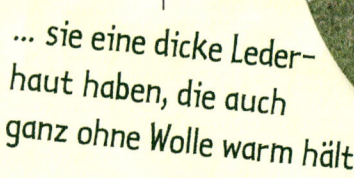

... sie nach der Schur in eine
Wärmekammer kommen, bis
sie sich an ein Leben ohne
Fell gewöhnt haben?

Willkommen in Bärstadt!

Hier ist ständig was los. Und wir sind immer dabei!

Das bin ich:
Fritz Fuchs

Ich wohne in einem blauen Bauwagen mitten im Grünen. Viele meiner Abenteuer liegen direkt vor meiner Haustür, aber nicht nur da: auch draußen in der Natur, in der Stadt oder im Museum. Meine rote Zimmermannshose zählt zu meiner Lieblingskleidung, denn sie ist praktisch und hält viel aus. Mit ihr kann ich auf Berge klettern, Tieren nachspüren oder in der Werkstatt tüfteln.

Mein Hund Keks
ist mein bester Kumpel.

Er heißt so, weil ein Keks die erste Mahlzeit war, die er sich gemopst hat. Ich habe ihm eine kleine Bauwagen-Hundehütte gebaut, direkt vor meiner Tür. Oft sind wir gemeinsam unterwegs. Mit seiner feinen Spürnase hat Keks schon so manches Rätsel gelöst.

Das ist meine ältere Schwester **Suse**. Sie ist Geschäftsfrau. Auch wenn wir verschieden sind, halten wir als Geschwister immer zusammen.

Yasemin ist immer gut gelaunt und hält oft einen Tipp für mich bereit. Ihr gehört der bekannteste Kiosk in Bärstadt.

Mein Nachbar **Herr Paschulke** mag es am liebsten bequem, und weil wir so unterschiedlich sind, ist manchmal Ärger vorprogrammiert.

Wenn ich einem Rätsel auf der Spur bin ...

… begebe ich mich direkt **vor Ort.**

… nehme ich die Dinge genau unter **die Lupe.**

… **experimentiere** ich selbst.

… frage ich einen **Spezialisten.**

… sammle ich **Informationen.**

… **lese** ich was nach.

... sie sofort zu ihrer Herde zurückkommen und sich dort zwischen die anderen Schafe kuscheln?

... sie ihre Körpertemperatur der Felllänge anpassen können?

... sie in der warmen Jahreszeit geschoren werden und ihre Wolle schnell wieder nachwächst?

> Puh, da bin ich aber beruhigt, dass die beiden Schafe bald wieder ein dickes Fell haben werden! Wolle ist eben ein echter nachwachsender Rohstoff! Das hat mir gerade die Landwirtin auf dem Bärstädter Bauernhof erklärt. Da gibt es übrigens nicht nur Schafe! Mal sehen, wer hier noch so wohnt ...

Tierisch nützlich

Viele verschiedene Tiere versorgen uns mit allen möglichen Dingen, die wir fürs tägliche Leben brauchen. Ohne sie gäbe es kein Leder, keine Strickpullis und unser Kühlschrank wäre ziemlich leer – selbst wenn man kein Fleisch isst: In Joghurt, Käse, Sahne, Kuchen und vielen anderen Lebensmitteln stecken nämlich Milch und Eier. Doch nicht immer achten die Viehzüchter auf das Wohl der Tiere. Manche leben auf engem Raum zusammen oder sehen nie in ihrem Leben das Tageslicht. Deshalb kaufen immer mehr Menschen tierische Produkte aus artgerechter Haltung: Denn dabei geht es den Tieren gut!

Feinfühlige Riesen

Kühe, Esel und Pferde gehören zu den größten Tieren auf unseren Bauernhöfen. Sie alle haben liebenswerte Eigenheiten: Die Tasthaare am Maul von Pferden zum Beispiel sind ganz weich – und genauso empfindsam wie ihre Wimpern!

Weiche Wolle und feine Nasen

In drei bis fünf Minuten hat ein Profi ein Schaf von Kopf bis Schwanz geschoren. Etwas länger braucht er für eine Wollziege. Borstig statt wollig sind dagegen Schweine unterwegs. Bei der Suche nach wertvollen Pilzen kommen auch ihre Schnüffelnasen zum Einsatz.

Doppelgänger-Schaf

Bei der Schafzucht dürfen sich nur die am besten entwickelten Schafe paaren. Der Nachwuchs soll ja die gleichen guten Eigenschaften haben wie die Eltern. Inzwischen können Forscher sogar eine lebendige Schaf-Kopie erstellen. Dafür spritzen sie in eine weibliche Eizelle Zellen des Tieres, das sie kopieren wollen. Ein Schafweibchen trägt diese Eizelle dann wie den eigenen Nachwuchs aus. Dabei entsteht ein sogenannter Klon. 1997 kam das erste geklonte Säugetier auf die Welt: das Schaf Dolly (Bild). Da es aber sehr jung starb, vermuten Forscher nun, dass geklonte Tiere schneller krank und alt werden.

Überall anders

Ob Dromedare in Nordafrika, Trampeltiere in Zentralasien oder Meerschweinchen in Südamerika – überall auf der Welt halten Menschen Nutztiere. Nur sind das oft ganz andere als bei uns.

Wolle oder Borsten?

Mehr als Wolle

Bei der Schur kommen vier bis fünf Kilo Rohwolle pro Schaf zusammen, die erst mal gründlich gereinigt werden. Danach noch durchkämmen, färben und zu Garn spinnen – schon kann die strubbelige Wolle zu Mützen und Decken verarbeitet werden. Schafe versorgen uns außerdem mit Milch für herzhaften Käse. Und auch ihr Fleisch ist wegen seines unverwechselbaren Geschmacks beliebt. In England wird übrigens alljährlich das schnellste Rennschaf gekürt. Als „Reiter" haben alle ein Kuscheltier auf den Rücken geschnallt.

Müffelnd, aber weich

Schlank und beweglich, aber auch ziemlich streng riechend sind die Tiere, die uns mit einer der feinsten Wollarten versorgen: die Kaschmirziegen (Bild). Ihnen wird meist nicht das ganze Fell geschoren, sondern nur die weiche Unterwolle herausgekämmt. Milchziegen haben dagegen eher kurzes Fell. Ihre Milch vertragen einige Menschen besser als die von Kühen. Außerdem wird daraus Käse hergestellt.

Gut gelaunte Schweine

Früher schickten die Menschen ihre Schweine in den Wald, wo die Tiere nach Futter suchten. Dort konnten sie mit ihrer Nase nach Lust und Laune im Boden wühlen. Heute ist das nicht mehr möglich. Damit in den Ställen trotzdem keine Langeweile aufkommt, bieten einige Bauern ihren grunzenden Vierbeinern inzwischen ein Beschäftigungsprogramm: mit Bällen zum Spielen, Stroh zum Wühlen und herunterhängenden Metallketten, auf denen sie herumkauen können. Nach etwa einem halben Jahr im Stall werden die Schweine dann geschlachtet.

Feine **Schnüffelnasen**

Schon mal was von Trüffeln gehört? Das sind Pilze, die wir nur schwer finden, weil sie komplett unter der Erde wachsen. Zum Glück können aber Schweine sie mit ihrer feinen Nase im Waldboden aufspüren. Jetzt muss ihr menschlicher Begleiter nur aufpassen, dass sie die knubbeligen Leckereien nicht selbst mampfen. Denn Trüffeln sind auch für Menschen eine Delikatesse und sehr wertvoll.

Schwarze Trüffeln

Tierische Sprüche

Wie wichtig Tiere für uns sind, zeigt bis heute unsere Sprache. Sicher kennst du auch Sprüche wie „Einem geschenkten Gaul schaut man nicht ins Maul" oder „Da hast du aber Schwein gehabt". Das Schwein hat sich im Mittelalter in die Redewendung geschlichen. Damals bekam der Verlierer bei Ritterturnieren nämlich ein solches als Trostpreis – er erhielt also mehr als der vorletzte. Was für ein Glück! Und beim Pferd kann man vom Zustand der Zähne auf seinen Wert schließen. Doch der sollte bei einem Geschenk ja egal sein.

Mach mit!

Freundschaftsbänder knüpfen

Knote acht lange Wollfäden oben zu einem Bündel zusammen ①. Nimm dann die ersten beiden Fäden und verknote sie, wie in ② – ④ vorgegeben. Anschließend verknotest du den 2. Faden mit ① dem 3., den 3. mit dem 4. und so weiter. Bist du einmal durch, fängst du wieder bei den ersten beiden Fäden an und knüpfst die nächste Reihe. So entsteht nach und nach dein Freundschaftsband!

② ③ ④

Die Größten auf der Weide

Milch aus dem Karussell

Ein Bauer kann gleich mehrere Kühe auf einmal melken, etwa mit einem Melkkarussell (Bild). Zuerst reinigt er bei jeder Kuh alle vier Zitzen, dann legt er das Melkzeug ans Euter und schon saugt die Melkmaschine los – genauso wie ein Kalb es tun würde. Damit eine Kuh immer weiter Milch gibt, muss sie jedes Jahr Nachwuchs bekommen. Denn für den produziert sie die nahrhafte Flüssigkeit eigentlich. Übrigens: In Indien käme fast niemand auf die Idee, Kühe zu essen. Sie gelten dort als heilig. Selbst im Straßenverkehr haben die stattlichen Vierbeiner immer Vorfahrt. Trotzdem steht Kuhmilch auf dem täglichen Speiseplan der Inder – wie bei uns.

Nachkommen aus dem Katalog

Zuchtbullen sorgen weltweit für Nachwuchs. Im Katalog sucht ein Bauer den passenden Bullen für seine Kühe aus und bestellt dessen Samen. Fortpflanzung ist in der Landwirtschaft eben alles andere als romantisch: Der Bulle besteigt eine Attrappe anstelle einer echten Kuh. In einer Auffangschale wird sein Samen gesammelt und anschließend in Stickstoff eingefroren. Ist der dann beim Besteller angekommen, führt ein Tierarzt den aufgetauten Samen bei der Kuh ein und befruchtet sie so. Bisher erfolgreichster Zuchtbulle war der kanadische Starbuck: Er kommt auf mehr als 200 000 Nachkommen.

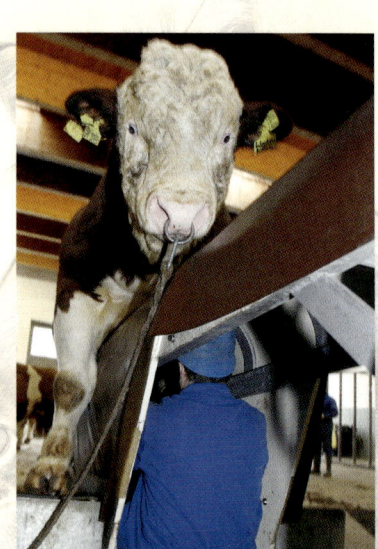

Jahreszeiten auf dem Hof

Auf einem Bio-Bauernhof passen sich Mensch und Tier den Jahreszeiten an. So werden Kühe im Frühjahr vom dicken Winterpelz befreit, damit sie im Sommer tagsüber auf der Weide nicht so schwitzen. Am Abend kehren sie auf den Hof zurück, um gemolken zu werden. Den Winter verbringen die Rinder komplett im Stall. Dann hat der Bauer alle Hände voll zu tun: ausmisten, Stroh und Futter verteilen zum Beispiel.

Vom Zug- **zum Freizeittier**

Bis vor knapp 200 Jahren waren in Deutschland Pferde das Transportmittel Nummer Eins und bei der Feldarbeit unentbehr-

lich. Als dann aber Züge und Autos immer beliebter wurden, brauchten die Menschen ihre Pferde nicht mehr als Zugtiere. Doch ganz wollen wir immer noch nicht auf sie verzichten. So kommen sie heute etwa im Freizeit- und Profisport zum Einsatz. Und auch im Polizeidienst oder bei der Therapie von Menschen mit geistigen oder körperlichen Einschränkungen sind sie wertvolle Helfer.

Mach mit!

Joghurt selbst gemacht

Bitte einen Erwachsenen, 450 ml Milch aufzukochen, und lass sie auf etwa 36° C abkühlen. Dann gießt du sie in ein Schraubglas, das 500 ml fasst. Hebe nun zwei Esslöffel gekauften Naturjoghurt unter und schraube das Glas fest zu. In ein Handtuch gewickelt stellst du es für mindestens acht Stunden an einen dunklen, warmen Ort – zum Beispiel unter deine Bettdecke. Den fertigen Joghurt kannst du dir mit Obst oder Marmelade schmecken lassen!

Störrisch **oder clever?**

Kinderlieb, genügsam und trittsicher – so sind Esel. Nicht umsonst sind sie bis heute besonders in Südeuropa und Asien als Reit- und Lasttiere im Einsatz. Im Gegensatz zu Pferden sind sie keine Fluchttiere. Das heißt: Bei Gefahr laufen sie nicht weg, sondern bleiben einfach stehen. Das hat ihnen den Ruf eingebracht, störrisch zu sein. Dabei verhalten sie sich nur vorsichtig, statt panisch loszustürzen.

Nutztiere in aller Welt

Hilfreich wie ein Kamel

Kamele kennen wir vor allem aus den weiten Sandwüsten Nordafrikas und den trockenen Steppen Zentralasiens. Dort sind diese Wüstenschiffe bis heute nicht wegzudenken. Ohne ihre Milch, ihr Fleisch und ihre Hilfe als Lasttiere hätten die Menschen sich in dieser unwirtlichen Gegend nicht ansiedeln können. Ganz ähnlich steht es um die Kamele aus den kargen Hochebenen in den südamerikanischen Anden, die Alpakas (Bild). Ihre feine, kuschelige Wolle wärmte die Menschen schon vor Jahrtausenden.

Nützliche Raupen

Seide ist einer der feinsten und elegantesten Stoffe. Ihr Faden entsteht, wenn die Raupe eines Seidenspinners sich einpuppt, um sich in einen Schmetterling zu verwandeln. Dafür produziert sie eine Flüssigkeit, die an der Luft zu einem hauchdünnen Faden erstarrt und um die Raupe herum einen schützenden Kokon bildet. Dieser besteht aus einem einzigen Faden, der bis zu vier Kilometer lang sein kann! Bevor der Schmetterling schlüpft – und dabei den Kokon zerstört – wird die Puppe in kochendes Wasser oder in Dampf getaucht. Anschließend kann der Faden vorsichtig abgewickelt werden.

Im Wasser und in der Höhe

Bei unseren Rindern stehen die Milch- und die Fleischproduktion im Vordergrund. In Asien kommen sie auch oft noch als Zug- und Lasttiere zum Einsatz. So ziehen Wasserbüffel den Pflug durch die nassen Reisfelder.

Und ihre Verwandten, die Yaks, begleiten Bergsteiger auf ihren Wanderungen im Himalaja-Gebirge. Selbst bei über 7 000 Metern Höhe bekommen sie keine Atemnot – und das ohne Sauerstoffgerät, das die meisten Wanderer dort benutzen. Auch der Yak-Kot bleibt nicht ungenutzt. Getrocknet ist er ein super Brennstoff.

Yak

Kuscheltiere zum Essen

Für uns sind Meerschweinchen niedliche Haustiere. Doch im südamerikanischen Peru werden sie schon seit 4 500 Jahren als Nutztiere gehalten. Noch heute sind sie dort ein wichtiger Fleischlieferant und gelten als echte Delikatesse – besonders frisch vom Grill!
Der große Vorteil dieser kleinen Tiere:
Sie brauchen wenig Platz, fressen Essensreste und vermehren sich noch dazu schnell.

Die größten Schafherden der Welt

Ganz edle Wolle kommt von den Merinoschafen. Ihr dichtes Fell ist weicher und geschmeidiger als das von anderen Schafen und: Es kratzt nicht, wenn wir es später als Pullover tragen! Die meisten Merinoschafe leben in Australien und Neuseeland. 5 000 Tiere werden dort sogar als kleine Herde bezeichnet.

Hey, Keks! Schau mal, wer da gackert! Dann mal nichts wie hin zum Federvieh!

> Ist das ein prächtiger Hahn! Was meinst du, Keks, vielleicht sollten wir auch Hühner züchten? Dann könnte ich jeden Morgen ein frisches Ei frühstücken! Ob so eine Henne wohl auch schon mal zwei auf einmal schafft?

Tierische Flieger

Hühner, Gänse und Co. liefern uns Menschen viele wertvolle Dinge: Eine Hochleistungs-Legehenne etwa legt bis zu 300 Eier im Jahr – also fast jeden Tag eins! Aber nicht nur mit Lebensmitteln helfen uns Vögel aus. Die Polizei testet gerade, ob Geier bei der Suche nach vermissten Personen helfen können.
Und zu Hause sorgen Ziervögel für jede Menge Spaß: zum Beispiel, wenn Papageien ihren Besitzer mit einem frechen „Hallo Schatz!" begrüßen. Zum Faxenmachen sind sie allerdings nur aufgelegt, wenn sie artgerecht gehalten werden und sich wohl fühlen.

Sprichwörtliche Hühner

„Auch ein blindes Huhn findet mal ein Korn", sagt man, wenn jemand, der keine Ahnung hat, einen Treffer landet. Und wenn etwas „nicht das Gelbe vom Ei" ist, dann ist es nicht so besonders. Schließlich ist das Eigelb das Beste – denn daraus entwickelt sich ein neues Hühnerleben.

Wild, aber nützlich

Obwohl Bienen alles andere als zutraulich sind, halten Imker sie als Nutztiere. Denn die gelb-braunen Insekten sammeln im Sommer fleißig Blütenstaub und stellen daraus leckeren Honig her. Für nur 500 g Honig müssen die Bienen insgesamt etwa 35 000-mal losfliegen!

Schnabel auf!

Haushühner, Enten, Gänse, Tauben und Strauße – so unterschiedlich sie aussehen, haben sie doch eins gemeinsam: Wie alle Vögel sind sie zahnlos. Deshalb fressen sie kleine Steine mit, welche die Nahrung im Magen zermahlen.

Gesellig und anspruchsvoll

Du glaubst, Vögel sind pflegeleichte Haustiere? Irrtum! In Wirklichkeit brauchen Stubenvögel viel Aufmerksamkeit und regelmäßig Ausflug. Sie machen Dreck und nehmen mehr als nur ein paar Körner und jeden Tag frisches Wasser zu sich. Wer sich aber gut um Sittich, Papagei und Co. kümmert, wird viel Spaß mit den Piepmätzen haben.

Nützliches Federvieh

Strenge **Hackordnung**

In einer Hühnerschar herrscht eine klare Rangordnung. Diese gilt so lange, bis sich die Gruppenzusammensetzung ändert. Dann fechten Neuankömmlinge und Alteingesessene heftige Kämpfe mit kräftigen Schnabelhieben aus. Sobald der Verlierer feststeht, gibt er klein bei. Das Tier auf dem untersten Rang darf erst als Letztes an den Futtertrog und muss den Schlafplatz nehmen, der übrig bleibt. Zu jeder Hühnergruppe gehört immer nur ein Hahn, der all seine Hennen verteidigt. Werden mehr als 50 Artgenossen zusammen gehalten, wird es allerdings stressig für die Hühner. Sie verlieren dann den Überblick und fühlen sich nicht mehr wohl.

Huhn **und Ei**

Nur wenn eine Henne und ein Hahn sich paaren und das Ei dabei befruchtet wird, wächst darin ein Küken heran. So ein Ei versorgt das Heranwachsende mit allem, was es braucht: Im Dotter und im Eiklar sind Nährstoffe für die Entwicklung enthalten. Durch unsichtbar kleine Löcher in der Schale gelangt Sauerstoff ins Innere. Und beim Brüten sorgt die Henne ständig für die richtige Temperatur. Drei Wochen dauert es, bis sich die fertigen Küken mit ihrem spitzen Eizahn auf der Schnabelspitze durch die Schale picken. Eier aus dem Supermarkt sind übrigens alle unbefruchtet.

Geschlüpfte Entenküken

Federn **vom Vieh**

Federn und aufgeplusterte Daunen von Enten und Gänsen stecken in vielen Bettdecken, Kissen, Winterjacken und Schlafsäcken – sie halten nämlich prima warm! Praktischer Nebeneffekt der Federvieh-Haltung: Enten fressen Schnecken und Insekten von Salaten und Gänse eignen sich hervorragend als lautstarke Wächter. Der Haustruthahn (Bild) wird dagegen ausschließlich wegen seines mageren und nährstoffreichen Fleisches gehalten.

Der größte Vogel

Erst seit ein paar Jahren werden bei uns afrikanische Strauße gezüchtet. In einem etwa 1,5 Kilogramm schweren Ei fängt das Leben der flugunfähigen Riesenvögel an. Bis der Nachwuchs drei Monate alt ist, verbringt er viel Zeit unter wärmenden Lampen im Brutstall. Danach leben die neugierigen Vögel fast das ganze Jahr über im Freien. Nach dem Schlachten wird nicht nur ihr Fleisch verwendet. Aus ihrer Haut wird Leder mit einer samtig weichen Oberfläche und kleinen Noppen gemacht. Und Straußenfett eignet sich bestens als Creme für trockene Hände.

Tierische Luftpost

Eine trainierte Brieftaube schafft bis zu 800 Kilometer an einem Tag – und zwar mit Fracht am Körper! Entweder wird ein Zettel mit der zu überbringenden Nachricht zusammengerollt und an einem Bein festgemacht oder er wird in eine Art Rucksack gesteckt. So eine Botschaft transportiert eine Brieftaube dann auf direktem Weg zu ihrem Heimat-Taubenschlag zurück. Früher war das oft die einzige Möglichkeit, Nachrichten schnell nach Hause zu schicken. Heute starten Brieftauben nur noch bei Wettflügen.

Ganz schön knifflig

Braun oder weiß?

Wieso sind manche Eier braun und andere weiß?

a Das hängt von der Hühnerrasse ab.

b Aus braunen Eiern schlüpfen Hähne, aus weißen Hennen.

c Für braune Eier bekommen Hühner Spezialfutter.

Lösung: a

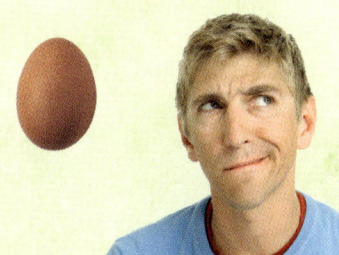

Gefiederte Mitbewohner

Am liebsten in Gesellschaft

In ihrer Heimat Australien sind Wellensittiche immer in Schwärmen unterwegs. Gemeinsam flattern sie dahin, wo sie am meisten Nahrung finden. Deshalb sind die bunten Piepmätze auch bei uns nur richtig glücklich, wenn sie nicht allein gehalten werden. Tagsüber lieben sie es, ein paar Runden durchs Zimmer zu drehen. Nachts beruhigt es sie, wenn eine dunkle Decke über dem Käfig liegt. Dann erschrecken die Tiere nämlich nicht so leicht, wenn jemand vorbeigeht, während sie gerade einschlummern.

Anpassungsfähiges Sprachtalent

Eigentlich sind Papageien bei uns Haustiere. Doch wer in Städten wie Köln, Heidelberg oder Ludwigshafen durch die Parks läuft, kann auch mal auf wild lebende Papageien treffen. Sie sind irgendwann ihren Besitzern ausgebüxt oder wurden absichtlich freigelassen. Im vergleichsweise milden Klima der Städte ist das Überleben und Vermehren für sie kein Problem. Doch nur wenige Arten können sprechen lernen – zum Beispiel der Graupapagei (Bild). In seiner Heimat, den tropischen Regenwäldern, ahmt er die Geräusche anderer Tiere nach. Und so macht er es im Wohnzimmer auch – ob Telefonklingeln oder „Hallo".

Leuchtender Sänger

Von seiner Heimat, den Kanarischen Inseln im Atlantik, hat der Kanarienvogel seinen Namen. Schon im Mittelalter brachten Entdecker ihn von dort mit nach Europa, damit er mit seinem fröhlichen Gesang die reichen Herrschaften bespaßte. Heute kann jeder so einen leuchtend gelben Singvogel bei sich zu Hause halten – oder besser zwei, damit keine Einsamkeit aufkommt.

Ein großes Zuhause

Ein Vogelkäfig kann gar nicht groß genug sein – seine Bewohner brauchen schließlich genügend Bewegungsfreiraum. Natürlich muss das Vogelzuhause aber noch ins Zimmer passen. Früher gab es auch runde Käfige. Die sehen zwar schick aus, in ihnen verliert aber jeder Vogel die Orientierung. Riesige Vogelkäfige sind Volieren: mit Drahtnetz überspannte Gelände, auf denen verschiedene Vögel zusammenleben. Die größten Exemplare stehen in Tierparks und Zoos.

Falsche Freunde

Lange Zeit war es üblich, einem einzelnen Vogel einen Spiegel oder einen Plastikvogel in den Käfig zu stellen. Doch solch ein Spielzeug schadet dem Piepmatz eher. Er hält sein Spiegelbild oder den Plastikkumpel nämlich für einen echten Vogel, mit dem er sich anfreunden möchte. Doch der vermeintliche Freund reagiert auf keinerlei Annäherungsversuche. Dadurch können Vögel Verhaltensstörungen entwickeln – also lieber echte Mitbewohner besorgen!

Na so was! Keks fühlt sich gerade anscheinend pudel-, äh, berner-sennen-wohl!

> "Du hast ja jemanden zum Kuscheln gefunden, Keks! Und ich dachte immer, dass Hunde und Katzen sich nicht so gut verstehen ..."

Vierbeiner daheim

Normalerweise sprechen Katzen und Hunde eine andere Sprache. Wenn ein Hund sich schwanzwedelnd und neugierig einer Katze nähert, versteht sie das wahrscheinlich als Drohung. Umgekehrt kann ein Hund das gut gemeinte Schnurren einer Katze mit einem angriffslustigen Knurren verwechseln. Wachsen beide jedoch zusammen auf – oder sind so entspannt wie Keks – können sie dicke Freunde werden. Mit Katzen und kleineren Tieren funktioniert das allerdings nicht so einfach. Zu leicht könnte eine Katze eine Maus oder einen Hamster als lebendiges Spielzeug ansehen und ihm ohne Absicht wehtun. Wer sich also ein Haustier wünscht, sollte genau überlegen, wen er sich ins Haus holt und welche große Verantwortung das mit sich bringt.

Die **beliebtesten** Zwei

Hunde und Katzen stehen auf der Beliebtheitsskala bei Haustieren ganz oben. In Korea geht die Tierliebe sogar so weit, dass es dort extra „Kindergärten" und Schwimmbäder nur für Hunde gibt.

Ein neuer **Anfang**

Einige Menschen unterschätzen, wie viel Arbeit ein Haustier macht und was es kostet. Wenn es ihnen zu viel wird, setzen sie ihr Tier einfach aus oder bringen es ins Tierheim. Auch misshandelte Haustiere landen dort. Viele bekommen dann eine zweite Chance: Die Tierpfleger suchen für ihre Schützlinge nämlich ständig nach neuen Familien, die gut für sie sorgen.

Einfach **zum Liebhaben**

Der Cashmere-Widder ist ein besonders kuscheliges Kaninchen. Aber auch Hamster (Bild) und Meerschweinchen haben ein weiches Fell und werden zutraulich, wenn du dich gut um sie kümmerst.

Nachts tobt **die Maus**

Am Abend und nachts drehen Ratten und Mäuse so richtig auf – genau die richtige Zeit, um vorm Schlafengehen noch mal mit den kleinen Langschwänzen zu spielen. Mit ihnen wird es garantiert nie langweilig.

Schoßhund oder Stubentiger?

Von Affenpinscher bis Zwergpudel

Windhund, Terrier, Schäferhund, Husky, Cocker Spaniel, Mops ... die Liste der Hunderassen scheint unendlich. Das war im Mittelalter, also vor rund 1000 Jahren, noch ganz anders. Damals gab es vermutlich nur zwölf Hundearten, die hauptsächlich als Jagd-, Hof- oder Spürhunde eingesetzt wurden. Als im 19. Jahrhundert immer mehr Menschen in Städten lebten und es die ersten Hundeausstellungen gab, wurden immer mehr Haushundrassen gezüchtet. Zu den kleinsten gehören die Chihuahuas. Zu den größten zählen die Irischen Wolfshunde und die Deutschen Doggen.

Deutsche Dogge
und Chihuahua

Hunde bei der Arbeit

So vielseitig wie die Hunderassen sind auch ihre Beschäftigungen im Alltag. Einige haben sogar einen richtigen Beruf! Sie helfen etwa der Polizei bei der Verbrecherjagd oder blinden Menschen, ihren Weg zu finden. Ein solcher Blindenhund beherrscht nach der Ausbildung um die 40 Befehle, wie: „Such Bank!". Dann führt er sein Herrchen zur nächsten Sitzgelegenheit – ohne dabei rote Ampeln, Treppen und andere Hindernisse zu übersehen.

Hund und Mensch auf der Schulbank

Damit es zwischen Hund und Besitzer klappt, müssen beide einander verstehen. Wie das geht, lernen sie am schnellsten in einer Hundeschule. Dort wird nicht nur den Vierbeinern beigebracht, auf bestimmte Kommandos wie gewünscht zu reagieren. Ihre Herrchen und Frauchen bekommen ebenfalls Nachhilfe – in Hundesprache und darin, immer das richtige Maß zwischen Strenge und Freundlichkeit zu finden. Spielerisch und gemeinsam mit anderen macht das besonders viel Spaß!

Leuchtende Augen

Lautlos schleichen sich Katzen an ihre Beute heran. Im Gegensatz zu Hunden können sie nämlich ihre scharfen Krallen einziehen, sodass beim Aufsetzen der Pfoten kein Tapsen zu hören ist. Meist gehen sie im Dunkeln auf die Jagd. Dann weiten sich ihre Pupillen, bis sie das ganze Auge einnehmen und den kleinsten Lichtstrahl auffangen. Im hinteren Teil ihres Auges, noch hinter der Netzhaut, ist eine Art Spiegelschicht. Sie wirft das einfallende Licht nach vorne zurück. So gelangt es noch mal auf die Netzhaut und die Katze sieht besser. Du kannst diese Schicht sehen, wenn Katzenaugen nachts in einem Lichtstrahl aufleuchten.

Rätselhaftes Schnurren

Jeder, der mal eine Katze gestreichelt hat, kennt ihr wohliges Schnurren. Damit zeigen die Stubentiger schon ihrer Mutter, dass alles in Ordnung ist. Und Katzenmütter wiederum schnurren etwa, um ihre Jungen zu beruhigen. Wie es entsteht, darüber rätseln Forscher allerdings noch immer. Die einen meinen, dass einfach ihre Stimmbänder beim Ein- und Ausatmen schwingen. Andere halten die Knochen unter der Zunge für ausschlaggebend: Angeblich vibrieren sie beim Atmen mit. Und manche glauben, ein zweites Paar Stimmbänder entdeckt zu haben, die direkt über den echten liegen und das Schnurren erzeugen.

Spürnase unterwegs

So sprechen Hunde

Einem Hund siehst du genau an, wie es ihm gerade geht. Wenn er dich zur Begrüßung leckt, heißt das: Ich mag dich. Hochgezogene Maulwinkel – die Lefzen – zeigen, dass du dich lieber in Acht nehmen solltest. Dieser Hund ist sauer! Besonders, wenn dazu noch die Haare auf seinem Rücken wie bei einer Bürste hochstehen. Will er dagegen mit dir spielen, legt der Hund seine Vorderbeine auf den Boden und streckt sein Hinterteil aufgeregt nach oben.

Unwiderstehlich kuschelig

Kleine **Einzelgänger**

Am Tag ruhig schlafen und nachts ordentlich poltern – so sieht das Traumleben eines Hamsters aus. Und anders als ein Meerschweinchen ist er dabei am liebsten allein. Sind zwei dieser Miniteddys zusammen in einem Käfig untergebracht, kann es sogar zu richtigen Kämpfen kommen. Obwohl es der Einzelgänger bei uns zu Hause nicht nötig hat, legt er sich – wie in freier Wildbahn – einen Futtervorrat an. Den stopft er erst in seine dehnbaren Backentaschen und bringt ihn dann in ein Versteck im Häuschen.

Anhängliche Nager

Spanische Seefahrer brachten die Meerschweinchen aus Südamerika über das Meer zu uns nach Europa. Und weil die kleinen Tiere bei der Überfahrt vor Angst wie richtige Ferkel quiekten, wurde ihnen der entsprechende Name verpasst. Dabei sind sie natürlich keine Schweine, sondern Nagetiere. Beim Schlafen und Fressen kuscheln sie sich am liebsten eng an ihre Rudelmitglieder. Schließlich sind sie das aus ihrer Heimat so gewöhnt.

Hüpfende Unterhalter

Wenn ein Kaninchen ausgestreckt am Boden liegt, weißt du: Dem geht es gut! Hörst du dann genau hin, kannst du vielleicht sogar ein leises Zähneknirschen wahrnehmen – ein weiteres Kaninchenzeichen für Zufriedenheit. Doch sind die kleinen Hoppler nicht immer so entspannt. Im Gegenteil: Sie brauchen jeden Tag mehrere Stunden Auslauf. Im Sommer ist dafür ein Außengehege am praktischsten. Wer sie in der Wohnung laufen lässt, muss die Augen offen halten. Denn sonst knabbern sie mit ihren scharfen Zähnen alles an, sogar Stromkabel!

Knabbern **und fressen**

Bei Kaninchen und anderen Nagetieren ist es wichtig, dass sie immer auf etwas Hartem herumkauen können. Ihre Zähne wachsen nämlich ein Leben lang weiter und schleifen sich beim Knabbern von selbst auf die richtige Länge ab. Übrigens ist es auch vollkommen normal, wenn sie ihren eigenen Kot fressen. Die Tiere nehmen dadurch Nährstoffe auf, die beim ersten Durchgang nicht verdaut, sondern einfach wieder ausgeschieden wurden.

Urlaub **von zu Hause**

Nicht immer kann man sein Haustier mit in den Urlaub nehmen und schon gar nicht kann es zu einem längeren Krankenhaus-Aufenthalt mitkommen. Wenn dann niemand bei der Tierpflege einspringen kann, gibt es einen Ausweg: zum Beispiel eine Tierpension. Hunde, Katzen, Vögel und Co. können hier für eine Weile bleiben und werden von Profis betreut und unterhalten. So vergeht die Zeit bis zum Wiedersehen wie im Fluge.

Mach mit!

Auf und ab

Bis zu 100-mal in der Minute können junge Meerschweinchen aus Spaß hochhüpfen. Und der Weltrekord im Kaninchen-Weitsprung liegt bei drei Metern! Wie viele Sprünge schaffst du? Und wie weit kannst du springen? Probiers doch mal aus!

Kleine Maus und kluge Ratte

Haustier mit **schlechtem Ruf**

Lange Zeit waren Ratten als Krankheits-
überträger verpönt. Doch vor etwa 100 Jahren entdeckten Schausteller auf Jahrmärkten
die Nager für sich. Ratten anschauen, ohne
ihnen wirklich nah kommen zu müssen – das war die
Attraktion beim Publikum. Bald merkten die ersten
Rattenbesitzer, dass sie extrem clevere Tiere vor
sich hatten, und behielten sie bei sich. Mit jeder neuen
Generation wurden die Langschwänze immer zahmer und verspielter.
Heute sind sie als Haustiere selbstverständlich.

Chinesische Ratten

Einige Menschen glauben, dass die Stellung der Sterne
zum Zeitpunkt ihrer Geburt über ihren Charakter und ihr
Leben mitentscheidet. Bei uns sind solche Sternzeichen
etwa Wassermann oder Jungfrau. Im chinesischen Horos-
kop gibt es auch eine Ratte: Wer zum Beispiel zwischen
dem 19.02.1996 und dem 06.02.1997 geboren wurde,
gilt demnach als fleißig, schlau, treu und humorvoll.
Wenn das mal nichts mit den Eigenschaften von
echten Ratten zu tun hat!

Chinesisches
Sternzeichen Ratte

Ratten retten Leben!

In vielen Ländern, in denen Krieg herrscht, verstecken
Kämpfer Minen, also kleine Bomben, im Boden. Und
diese bleiben da liegen, wenn längst wieder Frieden
eingekehrt ist. Tritt ein Mensch auf eine Mine, explo-
diert sie und verletzt oder tötet das Opfer. Spezielle
Suchtrupps wollen die gefährlichen Sprengkörper
unschädlich machen und setzen dafür Ratten ein. Mit
ihrer superfeinen Nase spüren sie die versteckten
Bomben auf. Ihr Geruchssinn ist eine Million Mal bes-
ser als der des Menschen! Gleichzeitig sind Ratten zu leicht, um eine Explo-
sion der Minen auszulösen. So können Experten den Fund entschärfen.

Kleine **Nager**

Wild lebende Mäuse haben keinen guten Ruf: Sie knabbern sich durch marode Hauswände und bedienen sich an unseren Essensvorräten. Doch holen sich inzwischen viele Menschen freiwillig Mäuse in die eigenen vier Wände – als Haustier. Sie sind kleiner als Ratten und haben einen Schwanz, der etwa genauso lang wie ihr Körper ist. Allerdings verströmen sie einen typischen Geruch, den kaum jemand so wirklich als angenehm empfindet.

Rennende und **springende Mäuse**

Eigentlich leben Rennmäuse in trockenen Steppen. Dort können sie buddeln, nagen und umherflitzen, so viel sie wollen. Wer sie als Haustier hat, sollte ihnen also unbedingt ein Laufrad hinstellen – denn nur wenn sie rennen können, fühlen sie sich wohl. Bei Springmäusen dagegen sagen einige Tierexperten, dass sie zu Hause nicht artgerecht gehalten werden können. Mit ihren kräftigen, langen Hinterbeinen springen sie in freier Wildbahn nämlich bis zu drei Meter weit. In welchem Käfig geht das schon?

Gerade hat Yasemin angerufen. Ihrer Nachbarin ist ihr kleiner Exot ausgebüxt. Na, mal sehen, ob ich helfen kann!

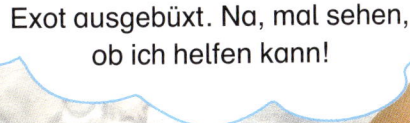

Wüstenrennmaus

> Von wegen „klein"! Ein riesiger Python war entwischt. Zum Glück konnten wir ihn wieder einfangen – allerdings nur mit Unterstützung der Bärstädter Feuerwehr! Ich bring ihn besser mal zu Yasemins Nachbarin zurück.

Exotische Lieblinge

Schlangen, Echsen oder Spinnen sind bei uns mittlerweile beliebte Haustiere. Solche Exoten hautnah zu erleben, kann auch wirklich atemberaubend sein! Allerdings eignen sie sich nicht zum Streicheln, Kuscheln oder Spielen. Die meisten bleiben nämlich Wildtiere, auch wenn sie mit uns unter einem Dach wohnen. Ihre Besitzer müssen genau Bescheid wissen, wie man sie richtig hält. Denn damit die exotischen Tiere sich hier wohl fühlen, benötigen sie besondere Pflege und Aufmerksamkeit. Schließlich herrschen in ihren Heimatländern ganz andere Bedingungen als bei uns!

Wie schlafen Fische?

Du kannst dich noch so lange vor ein Aquarium setzen und Fische beobachten: Du wirst sie nie mit geschlossenen Augen sehen. Logisch – Fische haben nämlich keine Augenlider! Trotzdem schlafen sie manchmal. Auf uns wirken sie dann einfach ruhiger als sonst.

Kalt – kalt, warm – warm

Bei manchen Tieren hängt die eige-
ne Körpertemperatur davon ab, wie
warm oder kalt es um sie herum ist.
Zu diesen sogenannten wechselwar-
men Tieren gehören zum Beispiel
Reptilien. Weil ihre Haut nicht mit-
wächst, müssen sie sich regelmäßig
häuten. Schlangen lassen dann
manchmal einen kompletten Schuppenschlauch zurück. Bei
den meisten anderen Reptilien fällt die zu kleine Hauthülle
eher in Fetzen ab.

Außergewöhnlich und selten

Ob teurer Fisch, beißende Spinne oder weit
gereister Nager – einigen Menschen können
ihre Haustiere nicht exotisch genug sein. Doch
sollten sie darauf achten, dass sie sich
gezüchtete Tiere anschaffen und keine,
die aus ihrer natürlichen
Umgebung gerissen
wurden.

Chinchilla

Woanders zu Hause

In Europa halten die Menschen
schon seit langem Tiere in ihrer
Wohnung. Doch in Korea beispielsweise ist der Trend noch recht neu.
Und auch in anderen Ländern gibt
es ungewöhnliche Haustiere. Bis
hin zu solchen, die nur auf dem
Bildschirm existieren.

Chamäleon

Reptilien im Wohnzimmer

Tierisch alt

Seit über 200 Millionen Jahren leben Schildkröten
schon auf der Erde – im Wasser und an Land.
Sie haben alle einen schützenden Panzer, der
aus mehreren festen Hornplatten besteht.
Zwischen den einzelnen Platten sind helle
Streifen – dort wächst der Panzer weiter.
Werden Schildkröten an diesen empfindlichen
Stellen unsanft berührt, tut es ihnen mächtig weh!
Wer sich eine Schildkröte anschafft, sollte unbedingt daran denken,
dass sie ziemlich alt werden kann: als Haustier auch mal 40 Jahre!

Kleine Drachen

Bis zu 1,80 Meter kann ein ausgewachsener Leguan vom Kopf bis zur Schwanzspitze messen! Für
ein Haustier eine beachtliche Größe, die schon
beim Kauf eines kleinen Jungtiers bedacht werden muss. Denn sonst wird das Terrarium rasch
zu klein! Die Tiere lieben es, bei Temperaturen
um die 30 Grad Celsius in der Sonne zu faulen-
zen. Sie an den Menschen zu gewöhnen, erfordert
viel Geduld und eine perfekte Pflege. Ein verärgerter
oder vernachlässigter Leguan schlägt auch mal mit seinem
kräftigen Schwanz zu oder wehrt sich mit seinen scharfen Krallen
und Zähnen.

Farbenfrohe Kletterer

Geckos (Bild) sind echte Kletterkünstler, die sogar kopfüber Wände entlangkraxeln können! Manche Arten gehen tagsüber auf Entdeckungstour. Andere sind nachts munter –
diese erkennst du an ihren Pupillen, die schmal wie
ein Schlitz sind. Bei Chamäleons ragen die Augen
weit hervor und können unabhängig voneinander be-
wegt werden. So kann der Exot mit einem Auge nach
Feinden Ausschau halten und gleichzeitig mit dem anderen Beute suchen. Bevor er die lange Zunge heraus-
schleudert, wird der Fang jedoch mit beiden Augen fixiert –
das erhöht die Treffsicherheit!

Die wahrscheinlich längsten
Haustiere der Welt

Immer öfter winden sich Schlangen geräuschlos durch heimische Terrarien. Nicht alle sind giftig oder so gefährlich wie ein Python, der seine Beute mit seinem Körper erwürgt. Die Kornnatter (Bild) beispielsweise ist für Menschen harmlos und deshalb unter Schlangenhalter-Neulingen besonders angesagt. Wie alle Schlangen bekommt sie Mäuse und Küken zu fressen.

Ganz natürlich

Jedes Terrarium muss so eingerichtet sein, dass sich seine Bewohner darin wie zu Hause fühlen. Denn viele kommen aus Gegenden, in denen ein ganz anderes Klima als bei uns herrscht. Deshalb sorgen Lampen für das passende Licht, Heizungen für ausreichend Wärme und Luftbefeuchter für eine erhöhte Luftfeuchtigkeit. Die Rückwand eines Terrariums erinnert an echte Felsen. Höhlen bieten Platz zum Verstecken und mit genügend Ästen zum Erklimmen kann sich ein Terrariumtier richtig austoben.

Mach mit!

Reptilien im Garten

Eidechsen sind Reptilien, die du bei uns auch in freier Wildbahn beobachten kannst. Dafür brauchst du nur einen Eidechsenhügel im Garten. An einem besonders sonnigen Fleck entfernst du alle Pflanzen und schaufelst eine Fläche von etwa zwei mal drei Metern frei. Darauf musst du etwa zehn Zentimeter dick Sand verteilen und darüber Steine aufschichten: unten und außen die großen. Es sollten möglichst viele Spalten entstehen. Mit etwas Glück kannst du bald den Tieren beim Sonnen zuschauen.

Hauptsache ausgefallen

Edle Fische

Guppys, Welse und Goldfische schwimmen in vielen Aquarien. Aber Koi-Karpfen sind so besonders, dass Liebhaber bis zu 30 000 Euro für ein einziges Exemplar zahlen. So ein „bunter Karpfen" – das bedeutet das japanische Wort Koi übrigens – ist wirklich anspruchsvoll. Normales Fischfutter rührt er nicht an, Haferflocken, Krabben oder eine spezielle Futtermischung dagegen schon. Und ist er mal krank, hilft ihm ein Tierarzt, der sich auf Fische spezialisiert hat. Kümmert sich sein Besitzer hervorragend um ihn, begleitet sein Koi ihn bis zu 60 Jahre lang durchs Leben.

Was krabbelt denn da?

Eine beißende Vogelspinne als Haustier? Auch das gibt es! Ein Biss von ihr ist für Menschen zwar meist ungefährlich, trotzdem braucht man für ihre Haltung viel Erfahrung. Unkomplizierter sind da schon Ameisen. In einem sogenannten Formicarium untergebracht, kannst du sie bei ihrer emsigen Arbeit genau beobachten. Du darfst sie allerdings nicht einfach aus der Natur holen, denn unsere Waldameisen stehen unter Naturschutz und wer ihnen schadet, muss eine Geldstrafe bezahlen.

Große Ohren, spitze Zähne

In ihrer Heimat, den Anden in Südamerika, leben Chinchillas in Gruppen zusammen. Nur der männliche Nachwuchs wird irgendwann vom Vater rausgeworfen, damit er sich sein eigenes Revier sucht. Deshalb sind die Nager auch als Haustier nicht gern allein. Sobald es dämmert, kommt Leben in ihren Käfig. Der sollte übrigens groß und in verschiedene Etagen aufgeteilt sein, denn die Nager sind gerne in Aktion. Wer die neugierigen Tiere allerdings tagsüber beim Schlafen stört, kann schon mal gebissen werden.

Grenzenlose Welt

Wilde Tiere ziehen dorthin, wo es ihnen am besten geht ... oder wohin der Mensch sie – ohne es zu merken – mitnimmt. So reisen Mückenlarven und Muscheln als blinde Passagiere in Koffern, Obstkisten und an Schiffsrümpfen durch die ganze Welt. Schon vor langer Zeit breiteten sich der Waschbär und die Bisamratte, beide ursprünglich aus Nordamerika, bei uns aus. Für unsere einheimischen Tiere stellen sie bislang keine Gefahr dar. Doch auf Inseln wie Neuseeland reagiert die Natur empfindlicher auf solche Einwanderer. So ist dort der flugunfähige Nationalvogel, der Kiwi (Bild), für eingeschleppte Wiesel und Frettchen eine leichte Beute und inzwischen vom Aussterben bedroht.

Verbotener Handel

Aus dem Wunsch vieler Menschen nach ausgefallenen Haustieren haben Kriminelle ein Geschäft gemacht. Mit dem Tierschmuggel verdienen sie riesige Summen. Sie fangen die Exoten in deren natürlicher Umgebung und bringen sie trotz Verbot über die Grenze in andere Länder. Damit die Tiere nicht entdeckt werden, sind sie oft in engen Behältern versteckt. Darin ist es so heiß und stickig, dass viele den Transport nicht überleben. Doch müssen es nicht immer lebendige Tiere sein – auch für Souvenirs (Bild) werden seltene Arten getötet.

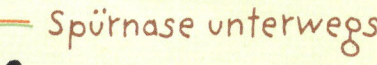

Spürnase unterwegs

 Spinnen spinnen

Um Spinnen zu beobachten, brauchst du kein Terrarium. Du kannst einfach rausgehen, nach ihren Netzen suchen und sie darin beim Beutefang beobachten. Unsere einheimischen Spinnen sind übrigens in der Regel vollkommen ungefährlich.

Andere Länder, andere Haustiere

Für Haushalte mit wenig Platz

Wer sich noch nicht sicher ist, ob er wirklich auf Dauer ein Haustier haben will, kann es ja erst mal mit einem künstlichen probieren, zum Beispiel mit einem Tamagotchi. Der Name ist eine Mischung aus den japanischen Wörtern tamago für Ei und wotchi, Uhr. Bei Spielstart schlüpft ein Tierbaby aus dem Ei. Von da an muss der Besitzer zum richtigen Zeitpunkt für Schlaf, Futter und Streicheleinheiten sorgen – per Knopfdruck. Für Computer und Konsolen gibt es ähnliche Spiele, bei denen man sein virtuelles Haustier mit Bewegungen der Computermaus streicheln, spazieren führen und über ein angeschlossenes Mikrofon sogar beim Namen rufen kann.

Hightech machts möglich

Roboterhunde und -katzen sind für die kleinen Wohnungen der Japaner wie gemacht. Lebendige Tiere hätten dort nämlich viel zu wenig Platz. Die elektronischen Vierbeiner reagieren, wenn man sie an bestimmten Stellen streichelt. Manche können sogar mit ihrem Besitzer reden und ihm hinterherlaufen. Was erst mal befremdlich klingt, wirkt in der Altenpflege und bei der Arbeit mit geistig eingeschränkten Menschen Wunder. Die Roboterrobbe Paro (Bild) etwa zeigt Freude, wenn sie berührt wird, und wirkt so auf die Menschen entspannend.

Koreanische Haustiere

Manche Tiere, die bei uns meist nur im Zoo vorkommen, sind in Korea ganz normale Haustiere: unbewegliche Korallen etwa oder Milchschlangen aus dem mittelamerikanischen Honduras. Sogar ein Europäer gehört zu ihren Favoriten – der Nashornkäfer. Die Männchen der glänzenden Käfer tragen ein beeindruckendes Horn am Kopf.

Grillen geben **Haustierkonzerte**

Bei uns werden Grillen als Futter für Schlangen und Spinnen verfüttert. Doch in China sind die kleinen Insekten seit Jahrhunderten ein wahrer Hit. Zu Hause leben sie in Käfigen, die teilweise kleinen Kunstwerken aus Bambus oder Stroh gleichen. Und auch unterwegs sind sie mit dabei – im ausgehöhlten Flaschenkürbis. Wenn die Grillen es warm genug haben, zirpen sie fröhlich vor sich hin – Musik für unsere Ohren!

Falken jagen aus Tradition

In arabischen Ländern wie Bahrain und Saudi-Arabien sieht man häufig reiche Scheiche mit ihren Falken. Für den Greifvogel geben sie gern mal 15 bis 20 000 Euro aus. Ein erfahrener Falkner pflegt den Greifvogel und trainiert ihn für die Jagd. Auf dem Weg zum Einsatzgebiet trägt das elegante Tier eine Lederhaube über den Augen. Die vielen Eindrücke während des Transports sollen es nicht überfordern. Erst kurz vor der Jagd wird der Schutz abgenommen.

Diese Exoten sehen ja alle noch ziemlich wild aus. Aber warum sind dann unsere Haustiere zahm?

" Ich hab das gerade mal nachgelesen: Unsere Ur-Ur-Ur-Ur-…Ur-Großväter und -mütter haben wilde Tiere gezähmt. Aber wie haben sie das genau gemacht? Ein Tier wird ja nicht einfach zutraulich, nur weil man es bei sich zu Hause hält! "

Aus wild mach zahm

Vor etwa 10 000 Jahren kamen unsere Vorfahren auf die Idee, Tiere zu halten, statt sie nur zu jagen. Doch dazu mussten sie die Wildtiere erst mal fangen – und zwar ohne sie dabei zu verletzen. Und am besten sollten es ein Männchen und ein Weibchen sein. Ihr Nachwuchs war dann nämlich von Geburt an daran gewöhnt, in Gefangenschaft und mit dem Menschen zusammenzuleben. Die frühsten Haustiere waren Schafe, Ziegen, Rinder und Hunde. Sie lieferten Nahrung und halfen bei der Arbeit. Mit der Zeit hielten die Menschen Tiere auch aus reiner Freude an ihnen. Manche wurden zu treuen Begleitern – Hunde wie Keks zum Beispiel!

Vom Bankiva- zum Haushuhn

Unser Haushuhn hat seine Wurzeln in Südostasien. Dort lebt bis heute das wilde Bankivahuhn. Es legt nur etwa 20 Eier im Jahr und schläft auf Bäumen – daher haben unsere Hühner die Angewohnheit, die Nacht auf einer Stange zu verbringen.

Hahn eines Bankivahuhns

Von der Falb- zur Hauskatze

Die Zähmung von Katzen begann in Ägypten. Denn als die Menschen dort vor etwa 3 000 Jahren anfingen, feste Häuser und Kornspeicher zu bauen, lockten sie damit Mäuse an. Und die fraßen einen großen Teil der Vorräte auf – bis Falbkatzen (Bild) ins Spiel kamen und ihrerseits die Mäuse fingen.

Vom Mufflon zum Schaf

Überall auf der Welt sind andere wilde Schafrassen die Vorfahren der Hausschafe. Unsere stammen wahrscheinlich vom Mufflon (Bild) aus den Hochgebirgen in Südosteuropa ab. Über die Jahrhunderte wurden die Tiere so miteinander gekreuzt, dass sie immer mehr Wolle, Milch oder Fleisch lieferten – je nach Züchtungsziel.

Auswahl und Veränderung

Die Menschen merkten schnell, dass man Tiere nicht nur halten, sondern durch gezielte Züchtung auch verändern kann. Deshalb paarten sie immer zwei Tiere miteinander, deren Eigenschaften sie verstärken wollten. Im Laufe der Zeit veränderten die Züchter so zum Beispiel das Aussehen und die Eigenschaften der Tiere und es entstanden neue Rassen.

Wie das Tier zum Nutztier wurde

Jagen statt halten

Vor vielen Hunderttausend Jahren sahen unsere Vorfahren noch ganz anders aus als wir heute. Sie lebten ohne festes Zuhause: Tagsüber gingen sie auf die Jagd, sammelten Früchte, Wurzeln und Kräuter; nachts schliefen sie in Höhlen. Für unsere Urahnen stellten viele Tiere eine echte Bedrohung dar und die Jagd war oft ein gefährliches Unterfangen.

Zu Hause mit Tieren

Als die Menschen sesshaft wurden und sich an einem Ort niederließen, betrieben sie Ackerbau und fingen Wildtiere ein. Diese zähmten sie und hielten sie in der Nähe ihrer Häuser. Dadurch sparten unsere Vorfahren wertvolle Zeit, die sie vorher mit Jagen verbracht hatten. Weiterer Vorteil: Die Zucht von Tieren war nicht so anstrengend und gefährlich wie die Jagd.

Vom Auerochsen zum Rindvieh

Mit seinen dicken Hörnern konnte sich der wilde Auerochse kräftig gegen Jäger zur Wehr setzen. Doch als Hausrind hatte er auch viele praktische Seiten. Er konnte Karren und Pflug ziehen, sein Mist war prima Dünger für die Felder und die Milch der Weibchen schmeckte gut und machte satt. Die Menschen suchten die stärksten und gleichzeitig pflegeleichtesten Kühe und Stiere aus, um sie miteinander Nachwuchs zeugen zu lassen. So wurden die Urviecher immer zahmer. Heute ist der Auerochse ausgestorben. Allerdings versucht man, ihn aus anderen Rassen zurückzuzüchten.

Rückzüchtung eines Auerochsen

Vom Wolf zum Pudel

Man sieht es ihnen heute kaum noch an, aber alle Hunde stammen vom Wolf ab. Keks' Vorfahren waren also richtige Raubtiere! Wie Mensch und Wolf zueinander fanden, weiß keiner so genau. Einige Wissenschaftler glauben, dass die Wölfe sich freiwillig unseren Vorfahren anschlossen. Doch sicher ist nur, dass sie unseren Urahnen anfangs bei der Jagd halfen und dafür einen Anteil der Beute bekamen. Vermutlich fiel es ihnen daher auch nicht schwer, den Menschen als neuen Chef anzunehmen. Schließlich waren sie es aus ihrem Rudel gewöhnt, dass einer das Sagen hat. Durch Züchtung verstärkten die Menschen bestimmte Eigenschaften ihrer neuen Haustiere. So entwickelten sich über Jahrtausende hinweg unter anderem Schäferhunde, Dalmatiner oder Pudel.

Vom Aussterben bedroht

Früher hatten Nutztiere auf Bauernhöfen oft nicht nur eine bestimmte Aufgabe. Die Tiere waren hart im Nehmen, bekamen viel Nachwuchs und lebten sehr lang. Heute gibt es dagegen fast nur noch Nutztierarten, die auf ein Produkt spezialisiert sind: entweder Milch oder Eier oder Fleisch. Damit das Wissen um ihre Vorfahren nicht verloren geht, schützen manche Bauern sie vor dem Aussterben. Da wäre etwa das Mangalitza-Wollschwein (Bild): Sein Fleisch wurde einfach irgendwann zu fett für den Geschmack der Käufer. Dabei friert es dank dickem Fell nicht so schnell und kommt auch ohne spezielles Mastfutter aus. Außerdem wird es nicht so leicht krank – das spart Medikamente!

Echte Freunde!

„Wie schade, dass Keks und ich **die beiden wolligen Rasenmäher zum Bauernhof zurückbringen mussten** – aber in Paschulkes Garten ging das Gras aus!"

„Eins steht jedenfalls fest: Ob stattliche Vierbeiner, kleines Federvieh oder krabbelnder Exot – **Haus- und Nutztiere sind wahre Alleskönner. Sie versorgen uns mit Nahrungsmitteln, wärmenden Stoffen, sind schön anzusehen und treue Begleiter.**"

„**Die Auswahl an Haustieren ist groß.** Die einen sind kuschelig und leicht zu pflegen, andere brauchen viel Aufmerksamkeit und reagieren allergisch auf Streicheleinheiten. **Zum Liebhaben sind sie trotzdem alle – je nach Geschmack des Halters.**"

… und wir zwei drehen erst mal eine Runde!